总策划

王朝阳

主编

陈紫云　李芹　董玮琪

历史编辑

马佳玉　冯明朗

高嘉鑫　法妮娜　吕轻侯　张嘉琪　范飞龙　张凯

文物故事撰写

姚方　陈雅楠　孙静　邓铭玥

张岳　李冲　蓝超良

文物图片编辑

张丽雯

创作顾问

秦博　张方

历史服饰顾问

蒋玉秋

文物资料提供

编辑

席璟　徐蓉　宋丽洁　徐耀华　潘文懿

凯叔 著

凯叔讲历史 17

清朝（上）

中信出版集团 | 北京

KAI
STORY
SHU
凯叔讲故事

读历史的味儿，攒人生的劲儿！

我第一次接触历史故事是通过评书，最喜欢著名评书表演艺术家田连元先生说的《杨家将》。那个时候年纪还小，我以为真实的历史就是那个样子。后来上了中学，课堂上的历史跟评书里讲的有点儿不一样，而且更多的是一串年代、人物、事件、结果、意义……这些知识点单一而枯燥，远没有评书的情节吸引人。于是，我找来史书自己读，想看看真实的历史到底什么样！我把《战国策》《左传》《史记》《汉书》等统统读了一遍，越读越觉得，史书里的历史远比评书里的故事更精彩。

历史源远流长，让我铭记在心的不是多么重大的历史事件，而是卷入历史事件中的一个个鲜活的人物。仔细想来，历史上每一个人物的出场都在上演着一幕大戏，每一个人物在面对抉择时做出的决定都影响和推动着历史的进程。不仅大人物如此，小人物也是。我喜欢绕到历史人物的背后去体察其身处事件中的心境，去感受他的感受，去思考他的抉择，然后在史书里寻找蛛丝马迹，以佐证我的猜测和推断。

这是一件很有意思的事，让我在寻找中不断地获得新知，在思考中不断地构建逻辑，这些都让我获益匪浅。

我就是这样爱上历史的，我也想把自己在读史当中的收获分享给孩子。

所以，《凯叔讲历史》就是要给刚刚接触历史的你讲述一个又一个活生生的历史人物，把历史事件的场景融进故事里。谁不爱听故事呢？这套书就用故事打开历史的大门，把历史有趣的一面呈现出来，把故事讲精彩，把人物讲活，让你身临其境。

这套书共 18 册，从夏启家天下讲到清末虎门销烟，近 300 个故事中的主要人物都是历史上真实存在过的，也都是有血有肉有灵魂的凡人。他们中有你熟悉的，也有你陌生的；有让你喜爱的，也有让你痛恨的。我希望你从他们的故事里，认识到千古名臣也有局限和失误，亡国之君也有善行和明政。这就跟世上没有绝对的好人和坏人一样，谁都有做对事的时候，也都有犯错误的时候。

所以，这套书里没有标签化的语言和艰涩的历史名词，不会塑造任何一个刻板的人物形象或设置死胡同一样的情节。我希望你能无障碍地阅读，读到故事里面去，钻进人物内心去，体会历史中的那些人当时的喜怒哀乐，理解他们的思考和判断，像一个亲历者一样感受历史、触摸历史。

就像我们都知道的商纣王，他残暴不仁、荒淫无道，是商朝的亡国之君，但有多少人知道他少年时天资聪颖、孔武有力，也曾心怀抱负和理想，领兵打仗开疆拓土；唐玄宗李隆基在位前期勤于政事，任用贤明，开创了大唐开元盛世，可后期却怠慢朝政，宠幸奸佞，最终导致了长达八年的安史之乱，为唐朝的中衰埋下伏笔……

历史上这样的例子不胜枚举。人是在不断成长和变化的，在读了这样的故事之后，我们一起来思考，是什么改变了他们。再回归到我们身边的人和事，想一想，权力、财富、地位、名望是如何左右一个人的。这该是我们今天读历史最值得思考的方向，也是我从历史里学来的思考的方法。

这套书里还藏着一个很酷的组合，那便是马未都先生的观复博物馆提供的珍贵的文物故事和文物图片。最早和马先生聊起要给孩子讲历史时，我们便说，如果在每一个历史故事之后能有一件文物佐证这段历史，那该是多么奇妙。比如讲越王勾践卧薪尝胆的故事，故事之后马先生便“展示”出一柄剑，告诉你这便是当年越王勾践的剑，看这柄剑是什么样的材质，是什么样的纹路，刻有什么样的铭文，为什么保存千年而不锈且锋利异常。

当这个组合真的实现以后，我们发现，这套书堪称一座纸上的历史博物馆啊！

是不是超酷！

故事包罗万象，承载万物，就像这套书，不仅有一个个历史人物的故事，也有一件件珍贵文物的故事。这些故事里，有历史常识、典故，有古代的科技、文化、艺术，也有古老的智慧、朴素的哲理。更玄妙的是，故事仿佛在不断重演，却又在不断变化，推动着人类社会步步向前。

当《凯叔讲历史》的音频节目在凯叔讲故事 App 上播放量超过 3400 万次的时候，我们出版了《凯叔讲历史》这套书。期待你在静静地阅读时，读到一段一段真感情，也触发一段一段真感情——对历史人物的真感情，对逝去时间的真感情。当你见识了历史长河中的大抉择、大是非、大生死之后，定会有更开阔的眼界，更豁达的胸怀，更美好的未来。

凯 叔

畅游历史长河，领略文物风华

“凯叔讲故事”邀请观复博物馆合作出版了一套适合孩子阅读的历史书——《凯叔讲历史》，凯叔用了近 300 个独立的故事串起中国五千多年的历史，观复博物馆又精选了近 300 件文物来辅助说明历史故事。为了让孩子们愿意听，还特意请可爱的观复猫来“讲述”，这立刻让这套书变得生动起来，也为孩子们所喜闻乐见。

观复猫是观复博物馆养的一群猫，每只猫都极具个性，“各司其职”。它们每日在博物馆里迎来送往，与游客，尤其是孩子发生过不计其数的故事。不仅与主人、与文物之间多年来形成了极好的关系，还将文物变成与孩子沟通的桥梁，让他们在参观、读书之余，领略中国文物的精美绝伦，体会中国文化的玄机奥妙。

为孩子做文化产品，尤其做书，十分不易。为此“凯叔讲故事”

团队利用会讲故事的先天优势，讲述中国悠久的历史；观复博物馆的团队也整合了文物资源，将深奥难懂的文物抽丝剥茧地通过观复猫来一一展现。这一优质组合非常难得，也正是目前孩子所需要的。

由音频故事升级为图书，让历史和文物变得鲜活和直观，并可以随时翻阅，加深印象，这对孩子来说无疑是个天大的好事。帮助孩子在历史的长河中畅游，在文物的森林里采撷，保持学习的兴趣，这套书身体力行，捷足先登。

是为序。

马未都

2019 年春

目录

清大事年表

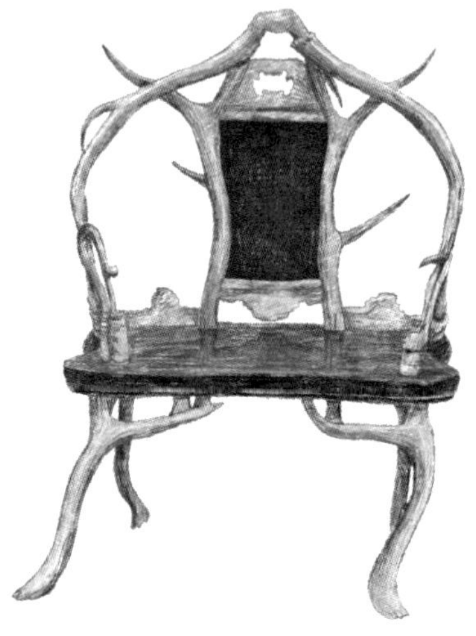

1616 年

努尔哈赤建立后金

1619 年

努尔哈赤在萨尔浒大败明军

1636 年

皇太极称帝，后金改国号为清

1644 年

李自成攻占北京，明朝灭亡；

清军入关，定都北京

1662 年

郑成功收复台湾

1684 年

清朝设置台湾府

明

清（276 年）

（1636—1912 年）

1689年

中俄签订《尼布楚条约》，划定中俄东部边界线

1771年

土尔扈特部首领渥巴锡率众重返祖国

1839年

林则徐虎门销烟

1840年

鸦片战争爆发，拉开中国近代史序幕

中华民国

1911年

辛亥革命爆发

1912年

清宣统帝宣布退位，清朝统治结束

凯叔讲历史

17
清朝
上

第1篇

十三副盔甲打天下

努尔哈赤起兵

明朝后期，明军在战争中误杀了两个建州女真族人。他们没有想到，这竟引发了一连串的历史变化。

1583年春，在今天的辽宁抚顺新宾一带，建州女真古勒城内一片火光，处处都是残垣断壁，城墙全是炮击的痕迹，城门也倒在地上。街巷空无一人，只有成堆成堆的尸体。

这时，一人骑马从城外飞奔而来，此人身材高大雄伟，凤眼大耳，面如冠玉，他就是努尔哈赤。此时，努尔哈赤一脸焦急，他到了城门口，顾不上勒马，就纵身跃下，一边往城里跑，一边喊着：“父亲！祖父！”

回应他的，只有死一般的寂静。

努尔哈赤疯了一般，在尸体堆里来回翻找，直到他的手指磨出血来，也没有找到自己的父亲和祖父。最终，他颓丧地瘫坐在地，忍着眼泪，怒吼了一声："尼堪外兰！"

尼堪外兰是谁呢?

在明朝的东北方，生活着一群女真人，他们分为大大小小的部落，各部落之间经常争战。尼堪外兰是苏克苏浒部图伦城主，他为了扩张部落的势力，向明军谎报古勒城主阿台要谋反，于是明军发兵围剿古勒城。这古勒城主阿台可不是一般人，他的父亲是建州女真首领王杲。古勒城后被明军攻灭。王杲死后，其子阿台继承他的职位，继续与明朝为敌。

此次围剿古勒城，明军的统帅是李成梁。李成梁镇守辽东多年，与努尔哈赤一家非常熟悉，而努尔哈赤据说从小就被父亲送到李成梁家"侍候"。因为阿台的妻子是努尔哈赤大伯父礼敦的女儿，在得知李成梁围剿古勒城后，努尔哈赤的祖父觉昌安便带着儿子塔克世前往明军军中，向李成梁请命去古勒城劝降阿台，同时接回自己的孙女。由于当时两军还在交战，觉昌安独自一人先进入古勒城，留塔克世在城外等候。觉昌安进城后，劝降阿台无果，想带走孙女也被阿台拒绝。见父亲觉昌安久久未出，塔克世心生不安，也入城探视。

李成梁在城外等了很久，觉昌安却迟迟没有送出消息，加上古勒城又久攻不下，士兵损失不少，李成梁开始着急了。这时，尼堪外兰使了一出离间计。尼堪外兰亲自来到古勒城下大声呼喊："古勒城的将士们，你们当中谁能杀了阿台来投降明军的，就封他做古勒城主。"城中果然有人听信了尼堪外兰的话，杀了阿台投降明军，李成梁得以挥军入城。明军入城后，城内两千人，不分男女、无论老少，全部被杀，觉昌安和塔克世在混乱中也被明军一同杀掉。

努尔哈赤悲痛万分，他来到辽东城，想跟明朝官员讨个说法。

正厅之内，一名明朝官员坐在太师椅上，瞧都不瞧努尔哈赤一眼。

努尔哈赤强压怒火，向官员行礼后问道："我父亲和祖父无罪，为何被杀？"

"你的父祖实属被误杀，现在把他们的尸体交给你，赐你马匹、官职，此事就此了结。"

"一切都是受尼堪外兰的唆使，请把尼堪外兰交给我，我对部落也有个交代。"

"此次攻下古勒城，尼堪外兰立了大功，我怎么能把他交给你呢！"

最终，父祖的性命，换来的是大明赐予努尔哈赤的三十道敕书、三十四马，以及建州左卫指挥使的职位。

努尔哈赤站在辽东城外，望着如血的残阳，慢慢握紧拳头："今日，冤死的是我的父祖；明日，惨死的就是我的部落！不反抗，只能受人欺压，我一定要打败尼堪外兰！为父祖报仇，为部落除害！"

努尔哈赤回到了部落，收整父祖的旧部，招兵买马，积蓄力量。与此同时，获得明朝帮助的尼堪外兰的势力也越来越大，他更加肆意压迫其他部落。

这年五月的一天，在努尔哈赤的家中，几位女真首领围坐在一起，愤慨不已。

"尼堪外兰狗仗人势，欺人太甚！不除掉他，我女真族一日不得安宁！"

"是啊，努尔哈赤，我们敬你有勇有谋，今日来投奔你，就是希望与你共同除掉尼堪外兰！"

努尔哈赤淡然一笑，随后击掌两下，接着，一队侍从鱼贯而入，每人手捧一副银光闪闪的盔甲，整整十三副。

"盔甲？！"

"哪来这么多宝贝啊？整个女真大部落里，总共也没有几副盔甲啊！"

区区十三副盔甲，这些部落首领为什么如此激动呢？

这是因为，当时打造一副盔甲，可比打造一把兵刃难多了，而当时建州女真人手工业落后，对于他们来说，有一副盔甲，已经是如获至宝。

众人对盔甲爱不释手，努尔哈赤忽然沉声说道：“这十三副盔甲，是我家祖传之物，先前由我父祖保管，如今我的父祖被尼堪外兰害死，盔甲便传到我手中。我和诸位一样，早就想灭掉尼堪外兰，为女真族除害。可诸位想过没有，如今女真各部为了扩张势力，恃强凌弱。我们今日除掉一个尼堪外兰，明日还会有第二个、第三个！我取出这十三副盔甲，不仅是要打败尼堪外兰，更是决意扫平诸部纷争，统一女真各部！”

一番话说完，众人沉默半晌，然后齐声高喊：“统一女真！统一女真！”（见第 23 页图）

从此以后，努尔哈赤正式带着十三副盔甲起兵讨伐尼堪外兰，三年后，终于打败并杀死了尼堪外兰。后来，他又一路率军征服建州，吞并海西等，统一女真。在统一女真的过程中，努尔哈赤也在逐步完善他的军事组织，创立八旗制度。1601 年，努尔哈赤将每三百人编为一牛录，设立黄、白、红、蓝四旗。1615 年，努尔哈赤又规定，五牛录编为一甲喇，五甲喇编为一固山，在原有四旗的基础上增设镶黄、镶白、镶红、镶蓝四旗。其中，黄、白、蓝旗均镶红边，红旗则镶白边，合为八旗。这些旗人平日打猎、种田、练武，战争时就集结成队伍。1616 年，努尔哈赤建立政权，国号大金，建元天命，史称后金。

1618年，后金的努尔哈赤以“七大恨”为由，发兵讨明。“七大恨”中的第一条就是明军杀其父亲、祖父。努尔哈赤死后，皇太极继位，继续进攻明朝。1635年，皇太极改族名为满洲，并于1636年改国号为清。1644年，清军在明亡后攻入北京，逐步建立起对全国的统治。

按理说，虽然有尼堪外兰从中作梗，但是杀死努尔哈赤父亲、祖父的，其实是明军。那努尔哈赤为什么没有先找明军报仇，而是找尼堪外兰报仇呢?

第 2 篇

一路打赢四路

萨尔浒之战

努尔哈赤靠十三副盔甲起兵，此后二十年间，他基本上统一了女真各部。1616 年，努尔哈赤称汗登位，建立后金，势力逐渐强大起来，成为与明朝对抗的强大的地方势力。1618 年，他率军攻破了辽东战略重地抚顺和清河，明朝为之震动。1619 年，十多万明军（号称四十七万）兵分四路，进攻后金。其时后金只有六万兵马，努尔哈赤能打赢这场仗吗？

1619 年二月的一天，一封情报送到后金军营。情报说，大明将派辽东经略使[①]杨镐（Yáng Gǎo）指挥，兵分四

① 经略使：明清两朝，经略使为临时性的差使。凡遇有重要军务时，朝廷即特设经略使统理一省或数省军务，职位高于总督。

路，直指后金都城赫图阿拉[①]。消息一出，军营中立刻炸开了锅。

“明军四十七万，我们只有六万，这可如何是好啊？”

“大汗，敌我兵力悬殊，求和才是上策呀！”

“是啊，我们的长刀弓箭，如何抵挡得了红衣大炮？”

努尔哈赤拧着眉毛听了很久，暗自琢磨：“自从朝鲜之役后，大明兵力损失惨重。四十七万之说，一定是刻意宣扬、虚张声势，但分兵来攻只怕是真的。”

想到这里，努尔哈赤微微一笑，说道：“明军虚张声势，目的就是想动摇我们的军心，各位怎么能轻易上当呢？本汗已得详报，明军此战，最多出兵十余万。我军兵马虽少，但铁骑悍勇，何惧之有？凭他几路杀来，我只一路迎去。本汗自有制胜之道！”

突然，一匹快马飞进军营：“报——启禀大汗，王城东南方向发现敌军两万余人，已深入我境二百余里，接连攻克我十余个营寨！”

众将一听，惊恐万分。努尔哈赤却镇定地问道：“可有火器？”

---

① 赫图阿拉：故址在今辽宁抚顺新宾满族自治县。

"火炮装备不多，而且其中一万多人是朝鲜兵！"

努尔哈赤沉默片刻，做了个让众将极其不解的决定。

"留五百骑兵镇守东路，其余铁骑精锐随我向西！"

明明是东路吃紧，却将主力骑兵全部领到西面，这是个什么打法？

努尔哈赤无暇解释，策马向西。众将不明就里，只得听令，五万多骑兵连夜向西奔袭。

次日清晨，后金大军赶到了赫图阿拉城以西的萨尔浒。只见群山之中多了一座大营，旌旗飘扬，正是明朝军队。再看营地周围，壕沟备妥，战车四布，火炮环绕。一看便知，这才是明军装备精良的主力所在。

努尔哈赤举目远望，随后转身对众将领说道："如我所料，东路明军虽然进军迅速，但是装备寻常，还有一半是硬绑来的朝鲜军，一定是故意转移我们视线的疑军。如果我们真跟他们打起来，明军西路的主力必然乘机来攻击，让我们腹背受敌。"

众将一听，恍然大悟。

随即，努尔哈赤一声令下："列阵，进攻！"

眨眼间，战鼓轰鸣，杀声不绝，马蹄奔腾，烟尘漫天。明军望着突然出现的后金大军，大惊失色，匆忙放鸟铳、点大炮。

两军展开了激烈的战斗。后来，天色变得十分昏暗，在很近的距离都看不清楚对方。明军点燃火炬照明，以便进行炮击。后金军队利用明军点燃的火炬，在暗处袭击明军，很多明朝士兵就这样被箭射中，或死或伤。努尔哈赤则越过堑壕，拔掉栅寨，攻占明军的营垒，明军主力被击溃，伤亡惨重。

虽然首战大胜，但努尔哈赤的眉头并没有舒展，他马不停蹄，掉头向北。很快，后金军队又找到并打败了北路明军。

此刻，兵分四路的明军，已经有西、北两路被灭。可这个时候，后方又传来急报："报告大汗，东路打来的明军，距王城只有五六十里了。"这下，不安的情绪立刻在军中弥漫开来。

努尔哈赤却丝毫不乱，他思索片刻，连下三道命令："一、千骑精锐，留在此处，击溃北路明军残部；二、领一队降军，持大明令旗冒充其西路军，以会师为借口，将其东路军诱入山冈；三、骑兵主力立刻奔往东线，兵分两路，一路突击敌首，一路攻其侧翼，两路夹击。"

后金军队迅速依令行事。很快，东路明军陷入后金军队的重重包围之中，被后金军队打败。

最后一路南路明军得知前三路明军溃败的消息，心理防线彻底崩溃，在杨镐的命令下，掉头撤退，结果被尾随追击，也死伤惨重。

短短五天，大明十多万军队，在努尔哈赤六万军队的攻袭中，彻底溃败。

这一战，明军伤亡四万五千余人，损失火器两万余件，军队精锐损失殆尽。至此，辽东地区的控制权落入努尔哈赤手中。

辽东经略使杨镐不明白，这么多装备精良的兵力，四路进军，围歼六万后金军队，怎么会失败呢？

其实，努尔哈赤曾经几次到北京朝贡。他观察到大明王朝早已经腐朽不堪：皇帝不上朝，大臣搞党争，军队混乱，武备废弛，火器大炮都生了锈。士兵训练不足，战斗力严重下降，再加上朝鲜一战，兵力大损，早已不堪一击。

努尔哈赤的军队则在常年的征战中，被训练成了一支强悍的铁骑雄兵。这就是努尔哈赤取胜的第一个原因：知己知彼，百战不殆。

与此同时，努尔哈赤实施了“任尔几路来，我只一路去”的战略，也就是集中兵力，以逸待劳，充分利用有利的地形攻打明军。这是他取胜的第二个原因。

努尔哈赤还有一个法宝，就是他的军队以骑兵为主，机动性很强。打完西路打北路，打完北路打东路，打完东路追南路，一鼓作气。而且，后金军队士气高昂，上下团结，哪有不胜的道理啊，这些都是一路打赢四路的秘密。

努尔哈赤获胜原因在于知己知彼，坚持集中优势兵力，各个击破敌人。应该说努尔哈赤的用兵颇合《孙子兵法》，尤其是《谋攻篇》。你在生活中用过《孙子兵法》的妙计吗？

第3篇

他是大明“炮神”

宁远之战中的袁崇焕

萨尔浒之战后，努尔哈赤势不可当，接连攻克大明很多座城池，直逼山海关。山海关往西南六百多里，就是北京城，山海关一破，大明就危险了！当山海关外的官民兵马全部奉命撤回关内之时，有一个人坚持带兵守山海关外的一座小城，他是谁呢？

1625年十二月，山海关北边的宁远小城一片纷乱，百姓背着行囊、抬着家具、牵着牲口，陆陆续续从城外往城内走去。

此时，宁远城楼上站着一个瘦弱的身影，此人个子不高，白白净净。他是镇守宁远的按察使[①]——袁崇焕。

直到城门安静下来，城外空无一人，袁崇焕不紧不慢地问道："城外百姓悉数进城了？"

"是，大人！"

"传我命令，出城放火！"

命令一下，一队人马高举火把，鱼贯出城，没过多久，宁远城外的郊野一片火光，所有的屋舍建筑，全部陷入火海，烧成灰烬。敌人还没来，为什么要自毁房屋呢？

袁崇焕这是要坚壁清野。坚壁，就是巩固城防，防止后金军队攻破城池；清野，就是清理郊野，把城外的房舍全都烧毁，让敌军只能在严寒的野外扎营。

一边是仅有一万多明军的孤城和从未指挥过一场战役的袁崇焕，一边是后金六万大军和四十多年来战无不胜的努尔哈赤，坚壁清野真的有用吗？

第二年正月二十四日清晨，宁远城外冰天雪地，后金兵马已是漫山遍野，声势浩大，直直扑来；而宁远城中却鸦雀无声，城头之上，隔几步就有一块红布，大红布下似乎盖着什么庞然大物。就在后金军离城墙只有三四百步的时候，袁崇焕猛然大喝一声："点火！开炮！"

---

① 按察使：中国古代官名，明中叶后开始成为巡抚的属官。

十几块红布同时被掀起，迎风飘扬，红布下面是一尊尊黑黢黢的大炮！刹那间，炮声惊天动地，火药、铁砂四处飞迸，后金军队还没有冲到城墙下面，就被炮火炸得人仰马翻。炮声过处，后金士兵死伤无数。

这种大炮，是从荷兰进口的红衣大炮。古人称西方人为蛮夷，而荷兰人多为红头发，因此被称为红夷，这种大炮一开始被叫作红夷大炮。由于这些进口大炮十分珍贵，不使用的时候，往往覆盖着红布，久而久之，红夷大炮就变成了红衣大炮。这红衣大炮炮身长、管壁厚、射程远、威力大，轻而易举就可以将炮弹发射到两三里地之外，而且还能自由旋转角度。

城外，努尔哈赤见炮火如此猛烈，士兵们还没有冲到城墙下就被轰倒了一大片，当即喊道："楯车①！"

后金队伍后方，立刻推出了数十辆楯车。每一辆楯车有小半间房子那么大，车前和车顶有厚实的木板作为掩护，木板上钉着铁皮，铁皮上蒙着湿牛皮，别说普通的弓箭、火铳，就连红衣大炮也很难把它炸毁。每辆楯车配备二十五个士兵，他们带着武器、凿子、利斧、铁铲、尖嘴

---

① 楯车：满洲八旗使用的一种秘密武器。楯车上的盾牌由厚木板包覆牛皮、铁皮复合而成，具有较强的防御力。

锄……一旦楯车开到城下，他们就利用车身的掩护，凿穿城墙或者挖通地道。

如果说红衣大炮是明军的守城之宝，那楯车就是后金的攻城利器。不到一盏茶的工夫，楯车已到达城下。然而这个时候，角楼上的红衣大炮缓缓转向，轰隆隆几声响，纵然楯车安然无恙，藏在车下的士兵却难逃一死。

努尔哈赤万万没想到，一座小小的宁远城，区区一万明军，竟然能把所向披靡的后金大军打得如此狼狈。

双方激战三日，胜负难分。然而双方谁都不肯收兵，天黑也继续激战。在冰雪世界里，冲天的火光使黑夜亮如白昼。袁崇焕一刻也不肯松懈，他心里只有一个信念："此战必须胜！我要守住宁远城，守住北京城，守住整个大明！"

激战正酣时，强悍的后金军队居然顶着炮火，在城墙上凿开了几个大洞。一时间，后金士兵如洪水般涌入城内，很快就爬上了城头。

"堵住缺口！"袁崇焕下令。他冒着敌军"嗖嗖"的箭雨，冲上前去。忽然间，一支箭刺入他的身体，紧接着，第二支也刺入了。

"快带大人去治伤！"

"小伤，无妨！"

“大人！”

“不必再劝，这是命令！”

就这样，袁崇焕背负箭伤，依然在战场上奋力厮杀。士兵们见袁大人如此拼命，也都大声嘶吼着冲上前去，明军终于顶住了后金军队一拨又一拨的进攻。

夜已经深了，炮火仍然不绝。明军发现了敌军后方的指挥中心所在并开炮攻击。轰隆一声，喧嚣的夜似乎瞬间安静了。

不久，后金军队的攻势就停止了。接着，后金大军撤退了。

历史对于这个瞬间的记录不是很明确，明军击伤的有可能就是努尔哈赤本人，他似乎是受了重伤，才下令撤军。撤军路上，努尔哈赤对几个儿子说：“我自二十四岁起兵以来，战无不胜，攻无不克。为什么一个小小的宁远城，就打不下来？”这可能是努尔哈赤起兵以来，唯一的一场败仗。

六个多月后，努尔哈赤郁愤而死。

宁远之战是明朝自萨尔浒大战之后，对后金的第一场胜仗。战后，大明人心大振，消息传到北京，文武百官欣喜若狂，皇帝下旨称：“此七八年来所绝无，深足为封疆吐气！”袁崇焕也因此一战成名，被人称为“炮神”。之后，他还取得了宁锦大捷，却因不得魏忠贤欢心而辞官回乡。

面对六万后金大军和四十多年来战无不胜的努尔哈赤，袁崇焕能够凭借孤城打退后金军队，除了坚壁清野的策略以及红衣大炮的威力，还有其他的原因吗？

第4篇

“炮神”之死

袁崇焕

在宁远之战中，袁崇焕一战成名，成为黎民百姓崇拜的英雄。可是三年多后，袁崇焕这位“炮神”却成了千夫所指的“卖国贼”。这是怎么回事呢？

1628年七月，在紫禁城建极殿（今保和殿），明思宗崇祯皇帝朱由检与一人相谈正欢。崇祯皇帝兴高采烈地问道：“若将辽东军务全权托付于卿，几时可收成效？”

那人志在必得，张开五指，斩钉截铁地回答：“五年，可收复辽东全境。”

“好！”崇祯皇帝大为赞赏，“若大事可成，朕一定不吝封赏。”

这位在皇帝面前信誓旦旦之人，正是“炮神”袁崇焕。他被重新起用。此番畅谈令崇祯帝十分高兴，他下令户部、工部、吏部、兵部四部在军饷、器械、用人和调兵选将上全面配合袁崇焕，并赐给袁崇焕尚方宝剑，特许他拥有执行公务的全权。

倚仗崇祯皇帝的支持，袁崇焕到了辽东，开始大刀阔斧地整顿军纪，多次打退来犯的后金军队。辽东虽是北京最重要的一道屏障，却并不是唯一一条通往北京的路。

1629年十月，后金大汗、努尔哈赤的儿子皇太极突然率领大军，绕过辽东，取道内蒙古，于十一月中直逼北京。袁崇焕闻讯，急忙率军回救京城。当他刚刚赶到北京左安门时，皇太极距京只有二十里。

回京之后，袁崇焕做的第一件事就是入宫请罪。当他跪在崇祯皇帝面前之时，崇祯皇帝看起来很平静：“朕知卿赤胆忠心，卿无须惶恐，努力杀敌就是。”

袁崇焕小心翼翼地瞥了一眼崇祯皇帝，见陛下神色如常，这才把心放到肚子里，说道："臣星夜兼程而来，三军疲惫不堪，请陛下允许将士入城稍事休整。"

"战事紧急，刻不容缓，先打退敌人再说。"崇祯皇帝答道。

崇祯皇帝仍旧面色平静，袁崇焕却出了一身冷汗，此刻他明白，崇祯皇帝对自己起疑心了。

他原本说五年收复辽东，可近一年半过去了，非但辽东寸土未进，后金军队竟然径直攻到了北京城下，还跟他袁崇焕来了个前后脚。袁崇焕知道，北京城内，人人都在说他袁崇焕是给皇太极领路的，皇帝也免不了会这么想。

怎么证明自己的清白呢？只有一个办法——拼死一战。（见第 24 页图）

此时已到了十一月底，北京的天气已经变得十分寒冷。此时，大明"炮神"进不了城，没办法在城头用炮，只能率将士们背城列阵。袁崇焕驻军城外，与后金军鏖战三个时辰，重创后金军。经过这一战，北京城人心才慢慢安定。后来双方断断续续进攻，互有胜负。皇太极想进攻袁军，在阵前巡视时发现袁崇焕布置的军阵非常坚固，不

易攻入，便回到大营，另想办法。

就在袁崇焕拼死杀敌之时，城内的皇宫里，两个刚从后金军营逃回来的太监，正跪在崇祯皇帝面前。

“陛下！小的亲耳听见看守我们的那两个人说，袁崇焕坐在马上就把北京城给卖了！”

“是啊！他们说，袁崇焕早就跟皇太极串通好了！”

崇祯皇帝面色冷峻：“此话当真?！”

“此事关系到大明生死存亡，小的不敢胡说啊！”

“岂有此理！”

如果说，皇太极带兵直逼北京城时，崇祯皇帝对袁崇焕是略有怀疑；那有人以“与清廷议和”等弹劾他，以及此刻两个太监的话，便是肯定了袁崇焕的叛敌之实。崇祯皇帝怒不可遏，他并不知道，这两个太监听到的话，是皇太极故意让人说的，目的就是传到崇祯皇帝耳朵里，借此把袁崇焕这个后金的劲敌除掉。这是皇太极使的反间计。

太阳偏西的时候，战斗结束，皇太极兵败撤退，明军也大有损伤。袁崇焕九死一生。他望着将落的夕阳，看着满地将士的尸体，心中既喜又悲：“胜了！胜了！这下，陛下该相信我的忠心了！弟兄们，等我见到陛下，为你们邀功请赏，定让你们风风光光地入葬！”

袁崇焕无论如何都没有想到，当自己入宫面圣的时候，等待他的不是奖赏，而是被处死的命运。崇祯皇帝冷冷地看着他，一字一句道：“来人，把袁崇焕打入大牢！”

“陛下，为何？为何啊？”

袁崇焕声声发问，回答他的，只有一哄而上的侍卫。他们七手八脚扒下了袁崇焕的官服，转眼之间，大明“炮神”成了阶下之囚。

八个多月之后，袁崇焕被押赴刑场，凌迟处死，罪名是通敌叛国。

传闻，袁崇焕临刑当天，百姓激愤不已，将刑场围得水泄不通，大骂袁崇焕是卖国贼。面对苍天，袁崇焕苦笑一声，一首绝命诗脱口而出：“一生事业总成空，半世功名在梦中。死后不愁无勇将，忠魂依旧守辽东。”

袁崇焕死后，守卫辽东的重任再无人能担，内忧外患的大明一步步走向灭亡。

如果你是崇祯皇帝，负责守御边疆的封疆大吏突然带兵来到了京城脚下，与此同时你的敌人也跟着来到京城脚下，你会怎么想？你遇到过流言和猜忌吗？

第5篇

起于粮食，亡于粮食

闯王李自成

历史上有这么一个人，他因为没有粮食吃，一步一步走上绝境，后来揭竿起义，成为皇帝。可他成为皇帝以后依然没有粮食吃，甚至因粮食而亡。他是谁呢？

1628年，在陕西米脂的一个小村子里，寒风彻骨，小村的空地上，破衣烂衫的村民们围了半个圈。人群中央，一个年轻人满身伤痕，倒在地上。

“我借钱只为纳粮[①]，等凑够了，本息一起还你就是！”

---

① 纳粮：古代赋税制度的一部分。

"哼，纳粮，那是你们的本分！借我的钱不还可不行！不还钱就继续打！"举人老爷坐在不远处吹胡子瞪眼地说。

拳脚棍棒劈头盖脸，惨叫声越来越弱，围观的村民看不下去，纷纷向举人求情。

"老爷，您就是打死他，他也没钱还您啊！""是啊老爷，饶了他吧！"

"饶了他？你们替他还钱？没钱纳粮，要怪自己没本事；没钱还债，挨打活该！"

年轻人被打得奄奄一息，举人还不罢休，将他告到官府，铁了心要置他于死地。

"我的结局难道就是在这里等死？"年轻人躺在冰冷的监狱里，浑身伤痕累累，他抬头看着窗外的一轮明月，默默捏紧了拳头。

几个月之后，举人被杀，杀死他的正是那个被打得半死的年轻人。

人命在身，年轻人不得已投了军，因为善于骑射，很快被提拔为军中把总。虽然有了铁饭碗，成了军中把总，但日子还是不好过，依然吃了上顿没下顿。1629 年，军中竟然断了饷，年轻人带着一群人去找参将和县令讨说法。

"我们只想拿我们该拿的饷银！"

"饷银？你以为你是天王老子，我还得供着你？""也不看看现在是什么世道！”参将和县令一唱一和。

年轻人怒火中烧，他对参将和县令说：“农民饭都吃不上还给你们纳粮，结果交上来的粮钱全都给你们这些贪官污吏私吞了！”

“那又怎么样？难不成你要造反？”

“造反是死，饿死也是死！”年轻人猛地跳起身来，喊道，“反出个不纳粮的天下，我死也甘愿！”

话音未落，他飞身跃起，一拳打在参将脸上，劈空一脚，把那县令狠狠踹了出去。年轻人还不解气，对着二人一顿猛打，那参将和县令哪里受得住，没一会儿就一命呜呼了。

众人一片哗然。年轻人一不做，二不休，站出来振臂说道：“乡亲们，朝廷不让我们活，不造反还等什么！从今往后，不纳粮了！”

“不纳粮！不纳粮！”乡亲们齐声嘶吼，他们的愤怒像火山一样爆发了。

这个带头造反的年轻人，叫李自成。李自成振臂一呼，积怨已久的村民们跟着他打进县衙、打出米脂、打出陕西，他们要建立一个“不纳粮”的世界！（见第43页图）

十几年之后，当年还不起钱的李自成，成了大名鼎鼎的李闯王，而他最初带领的那些村民队伍，已经扩展成大明数一数二的起义军队伍。李自成领军打下了洛阳、开封、西安等军事要地，所到之处，百姓夹道欢迎，大街小巷，传唱着一句歌谣："盼闯王，迎闯王，闯王来了不纳粮！"

1644年年初，李自成率军东征，短短一个多月，就攻到了山西宁武关下。经过两天两夜的恶战，起义军攻下宁武关。当天晚上，众人喝酒庆祝，李自成却不发一言，若有所思。

酒酣之际，李自成说道："东征以来，我军所经之地，大半是守将献城投降，如今我军在宁武关战了两日，便伤亡惨重。要是再遇到一场这样的恶仗，我军兵力堪忧啊！"李自成话音一落，众将纷纷表明态度。

"闯王，我们大战告捷，可要乘势攻入北京啊！""是啊，攻入北京！"

这群起义军将领，原本是没饭吃的可怜百姓，为不纳粮揭竿而起。如今他们个个有了声名，有了地位，想要的已经不只是粮食，还有北京城里的高官厚禄、锦衣玉食。李自成又何尝不是呢?

这时，一个士兵来报："闯王，大同总兵和宣府总兵送来请降书。"

一纸降书，让李自成把所有的忧虑彻底扔到了脑后。没过几天，其他地方也纷纷投降，李闯王一路再也没遇到像样的抵抗。

这一年的三月十七日，起义军抵达北京。李闯王高坐马上，看看身后黑压压的军队，再看看眼前巍峨的北京城，忧虑再次袭来。此时，起义军数量已近百万，军中粮饷告急。

就在这个时候，又有人来投降了。

“来得正是时候！”金灿灿的龙椅，似乎在向李自成招手，他哪里还顾得上北京城里一样无粮无饷的事实。

三月十九日，一个太监替起义军打开城门，李闯王率众进入北京城，崇祯皇帝自杀，延续了二百七十七年的大明王朝，就此结束。

入城之后，李自成的确做到了“闯王来了不纳粮”。可是不纳粮，他的士兵就没有粮吃。很快，这些不纳粮的起义军就开始做强盗，他们四处抄家，搜刮钱粮。李自成及手下多次冒犯山海关守将吴三桂的家人。几番下来，吴三桂思虑之下，打开山海关，让清军进来。

清军铁骑一来，起义军队伍就全线溃败了。李自成在北京举行了一个潦草的登基大典，然后就向西安逃去了。从入京到逃离，只有短短四十二天。起义军死的死，逃的逃。据说几年之后，孤身一人的李自成，在湖北九宫山上，被几个乡勇当成土匪误杀了。

李自成起义，让老百姓唱出了“盼闯王，迎闯王，闯王来了不纳粮”的歌谣，吸引了大量的穷苦人。可也正是因为“不纳粮”，饥肠辘辘的士兵们没粮食吃、没钱挣，只能四处抢夺。李自成的起义军认为抢的是富人大户、达官显贵，但是富人大户不也是老百姓吗？士兵抢劫百姓，就丧失了起义军的正义性。在多方面原因的综合作用下，起义军最终走向了失败。

同样是平民出身的起义军领袖朱元璋，曾经给自己定下九字目标，你还记得是哪九个字吗？你觉得这九个字对宁武关下的李自成会有用吗？

第6篇

史上最勤奋的亡国之君

崇祯皇帝之死

对于一个王朝的最后一位皇帝，人们往往认为他们亡国是咎由自取，不值得同情。但有一个皇帝却让后人产生了些许的同情，他就是明思宗朱由检，也就是崇祯皇帝。有的人说，崇祯皇帝是个不该做亡国之君的人，却摊上了亡国之君的命。他究竟是一个怎样的皇帝呢？明朝又是如何灭亡的？

1631年寒冬的一个子夜，紫禁城寒风刺骨，漆黑一片，唯有乾清宫灯火通明。只见一人端坐在案前，批阅奏章。他眼角布满皱纹，两鬓有几丝白发，龙袍已经很旧了。此人正是崇祯皇帝。他批阅完一摞奏章，向身边昏昏欲睡的太监招了招手，说："把这些拿下去吧，明日一早送到内阁。"

"陛下，快到丑时（凌晨一点至三点）了，该歇息了。"

"朕再看一会儿。"

崇祯皇帝十六岁登基，即位不到半年，就除掉了以魏忠贤为首的阉党，肃清了朝政；他平反冤狱，重新启用一些被罢黜的官员；他节俭勤政，绝不铺张浪费；他白天忙于政务，晚上批阅奏章，军情紧急时，甚至几天几夜不能好好休息。才二十出头的崇祯皇帝，已经因为过度操劳，颇显老态了。

但崇祯皇帝接手的明朝早已衰败，腐败、苛税与民怨日趋严重。尽管崇祯皇帝如此励精图治，仍然回天无力，最后还是成了亡国之君。

1644 年正月，李自成率起义军步步逼近北京，形势危急。一日，崇祯皇帝召左中允李明睿入宫，商议对策。李明睿请崇祯皇帝屏退左右，谨慎地说道："贼寇逼近京城，唯有南迁可缓眼前之急，望陛下早做决断！"

建议南迁，担的可是抛弃祖宗基业的骂名，如果不是为了顾全大局、诚心相劝，绝没有人愿意说这种话。崇祯皇帝一听，立即明白了李明睿的忠心，对他说道："南迁这件事情，朕早就想做了，但是众人都不愿意南迁，朕该如何是好啊？"

"天意难测，陛下理应圣心独断，不可犹豫。"

"今日之言，千万不可外泄，否则朕定要治你重罪。"

"臣遵旨。"

李明睿乖乖听了话，对此事守口如瓶，可是，崇祯皇帝却没管住嘴。两个月后，李自成军队向北京挺进，情势越发危急。这日，崇祯皇帝在朝堂上说的第一句话，就让李明睿瞠目结舌。"李明睿上疏劝朕迁都南京。但国君理应为社稷而死，众卿以为朕应当如何？"

崇祯皇帝的一句话，把李明睿推到了风口浪尖。崇祯皇帝可能是这么想的：迁都是李明睿的主意，跟朕没关系，你们商议一下，最好你们商议完了，一起劝朕南迁，给朕一个台阶下。可没想到，大臣们纷纷强烈反对并谴责李明睿，有人扬言："不杀李明睿，不足以安定民心。不杀李明睿，何以治天下！"随后的十几天里，李明睿变成了众矢之的，而犹豫不决的崇祯皇帝，既不支持李明睿，也不反对百官之言。南迁一事就此耽搁了下来。（见第

44 页图）

崇祯皇帝将责任推卸给大臣这样的事情，已经不是第一次了。崇祯皇帝曾授意兵部尚书陈新甲暗中与关外的清政权讲和，可是事情泄露后，他便把陈新甲当作替罪羊，斩首示众。明末农民起义爆发后，一度把李自成打得无处容身的孙传庭，在第二次掌兵的时候想息兵蓄锐，可是崇祯皇帝听信谗言，对手握兵权的他心生怀疑和不满，一再催促他出关剿匪。无奈之下，孙传庭仓促出战，接连败北，战死潼关。尽管如此，崇祯皇帝对自己的失误只字不提，反说孙传庭贪功冒进。

正是因为崇祯皇帝生性多疑，又刚愎自用，不仅爱猜忌大臣，还总是把责任推到别人身上，所以文官武将越来越不敢说话，越来越不敢做事，越来越不敢承担责任。

到了三月十七日，李自成包围了北京。城外枪炮阵阵，战火连天；城内乱作一团，哭喊一片。深夜，颓丧的紫禁城里，太监连滚带爬地跑来，大喊："陛下，叛军已经进城了！"

"什么……罢了，罢了……"

三月十九日凌晨，李自成起义军攻入北京城。拂晓时分，紫禁城周围大火四起，崇祯皇帝走向景阳钟，握紧钟杵，“咚——咚——”寂寥的钟声穿破枪炮声、喊杀声、哭号声，声声悲怆，那是召集百官上朝的信号。可是，钟声回荡了许久，朝堂之上，却空无一人。

崇祯皇帝在一名太监的陪同下，一步步走上紫禁城后的煤山（今景山）。远处，烽火照亮了天空，喊杀声无休无止。崇祯皇帝缓缓取下冠冕，解下御衣，在老树上挂好一道白绫。一代帝王，就此结束了自己的生命。大明王朝，也就此灭亡。

临终前，崇祯皇帝在袍服上写下一段话，大意是：我无德无才，触怒了上苍，上苍惩罚我，诸臣也害了我。我死后无颜面对列祖列宗，所以取下冠冕，以发覆面，任凭贼人把我分尸。但是，请不要伤害我的百姓。

后世对崇祯皇帝的评价充满争议。清朝的乾隆皇帝认为，明之所以亡国，是因为万历、天启皇帝不理朝政，以致法度废弛。崇祯皇帝虽然辛苦经营十几年，最后仍以身殉国。历史学家樊树志也认为，崇祯皇帝受命于危难之际，力挽狂澜。但是，从万历到天启，几十年积累下来的弊政，压垮了明朝。而郭沫若在《甲申三百年祭》中，认为崇祯皇帝尽管看上去像是想要有所作为的“明君”，实际上对种种积弊并不能有效解决。无论何种评价，崇祯皇帝都与明朝一起，成为一段历史。

明朝灭亡的原因很多，我们也不能把所有的责任全都推到崇祯皇帝一个人身上。你觉得导致明朝灭亡的因素还有哪些呢？

第7篇

对手变战友

皇太极知人善用

皇太极用反间计除掉了强劲的对手袁崇焕，其实，这个深有谋略的军事家、政治家，不光能消灭对手，还能把对手变成战友。他是怎么做到的呢？

1629年的一个晚上，后金，皇太极在和一个汉臣议事。

皇太极拿起一封奏疏，诚恳地说："先生刚刚所说'治国之要，首在用人'，真是远见卓识！我有心招揽贤才，请先生筹谋规划！"

"大汗过誉！千秋功业，若想长治久安，必得治国贤才。而要纳贤，就必须摒弃族群偏见，任人唯贤。大汗若能开科举，在各族中选贤能者为官，则治国易也！”

“科举？”

“对，科举！”

“可我女真族崇尚武力……”皇太极沉吟了一句，随后不出声了。

这个主张科举的汉臣叫范文程，是北宋名相范仲淹的十七世孙，从明朝归降而来，在皇太极之前，从未得到重用。看着皇太极犹豫的神色，他不再劝说，也没抱什么希望。

哪知片刻后，皇太极突然郑重地回答道：“好！就行科举！”

很快，皇太极就下旨，在满洲、蒙古、汉三族中挑选有学识的人。1634 年，后金举行了第一次真正意义上的科举考试，数百名学子参加考试，其中有两百余人中举。这些人，成为后金的第一批治国良才。

后来，皇太极又重用以范文程为首的一班汉臣，在他们的建议和规划下大力改革，将崇尚武力、以劫掠为生的后金，改变成了一个文武兼备的国家。

1636 年，皇太极在盛京（今辽宁沈阳）称帝，改国号为清，他就是清太宗。

皇太极不仅信任能治国的汉臣，对敌将也能宽容优待。

1642年三月，盛京皇宫的崇政殿上，明朝降将祖大寿被押了上来。他见了皇太极，立刻跪倒在地。而皇太极竟然走下龙椅，亲自扶他起身，对他说："前次降而复叛，我不怪你！崇祯皇帝是你旧主，也为妻儿宗族考虑，你也算情有可原。只要今后你为我大清尽心尽力，过去的就不必再提了！"

此话一出，朝臣们就炸开了锅。

"陛下，这降而复叛、叛了又降的小人，留着有什么用？"

"陛下几次写信招降，他都置之不理，这次投降，谁知哪天又要叛了？"

皇太极笑了笑，说："他曾经苦守孤城整整一年，这是读书明理的缘故！对一个明理之人，唯有真心顾惜，才能换得真心归顺。大清正是用人之际，诸位要同心协力！"

话音刚落，祖大寿"扑通"一声再次跪在地上，不停地叩头。

祖大寿原本是明朝悍将，十一年前，兵败投降，皇太极亲自迎接，并以女真族最高礼节接待他。哪知道不久后，祖大寿竟然又带兵出走，投奔明军去了。此后，不论皇太极如何写信劝说，祖大寿都不为所动，还带兵与皇太极大战多次。这一次走投无路，因绝粮而投降，祖大寿也

以为自己生机渺茫。但他万万没想到，皇太极能再次相信他。

正是皇太极这次出乎意料的宽容，换来了祖大寿全心地归降，后来他为大清立下了不少战功。

如果说，皇太极信任范文程，宽容祖大寿，是因为他们能为己所用，那么接下来这位，拒不归顺大清，但还是被皇太极放了。他本和皇太极有灭门之仇，后来竟然写诗称赞皇太极，这是为什么呢?

1638 年，清军攻破长城，劫掠了很多汉人做奴隶。其中有一个叫苗君稷的人，家人全被清军杀害了，他只身被掳掠到盛京。

皇太极听说苗君稷是个有才学的人，就亲自前往牢中看他，想说服他为大清国效力。

苗君稷一袭青衫，端坐在牢里，看到皇太极，连眼皮都不抬一下。

“还不快放他出来！有才之人，礼遇尚且不及，怎么能困在牢里？”

“不必了，你真心求贤也好，假意招安也罢，我苗君稷，不求富贵。且我和你，有国仇家恨，此生必不能共容于世，你还是把我杀了吧！”

"大明覆灭已是必然，你为什么不择良木而栖[①]，用自己的一身学识造福百姓呢？"

皇太极苦口婆心，苗君稷却冷笑一声，转身不再说话。之后，不论皇太极如何劝说和利诱，苗君稷都不为所动。

最后，皇太极再次来到牢中，看着破衣烂衫的苗君稷，暗自感叹："我幼时读三国，不知关云长为何要封金挂印、不为曹操的诚意所动。后读《孟子》，见'富贵不能淫，贫贱不能移，威武不能屈[②]'。但纸上得来终觉浅，如今见这位苗君稷，才知道世间果真有大丈夫也！罢了，纵不能为我所用，有才之人杀之可惜，放他去吧。"

皇太极最终准许了苗君稷出家为道的要求，将他安置在庙中，任由他写诗著书，悠游于辽东的长松白石之间。

1643年，壮志未酬的皇太极突然驾崩。很多年后，四海云游的苗君稷写下了这样的诗句："揽辔秋风听野歌，雄图开辟太宗多。遥知王气归辽海，不战中原自倒戈。"

---

① 择良木而栖：原意是指优秀的禽鸟，会选择理想的树木作为自己栖息的地方。比喻优秀的人才，应该选择能发挥自己才能的好单位和善用自己的好领导。旧时比喻贤臣选择明主而事。

② 富贵不能淫，贫贱不能移，威武不能屈：真正的大丈夫，要有坚定的信念，不为荣华富贵所诱惑，不为贫贱困苦所改变，不为威胁暴力所屈服，这样的人才称得上大丈夫。

一个死都不肯降服的敌人给予的赞誉，也许才是对皇太极的最高认可。

皇太极在位十七年，正是因为他的心胸气度和卓越见识，使得他知人善任，在文治方面完善了政府机构，加强中央集权，招揽各族人才，缓和民族矛盾，发展生产；在武功方面，则征服朝鲜，平定内蒙古。这些，都为清朝入主中原、统一全国奠定了坚实的基础。

凡有大成就者，都拥有广阔的心胸和卓越的见识。你还知道有哪些皇帝和皇太极一样宽容大度、知人善用呢？

第8篇

叛徒还是功臣？

洪承畴

古代的中国，大大小小的政权更迭。无论时代怎么变化，有一种人，自古至今都会遭到谴责，那就是叛徒。面对历史的重大变局，每个人都有不同的判断和选择。在明末，有一个人虽然选择背弃了朝廷，却有人说他是个功臣。这是为什么呢？

1647年，北京的一处宅院门口，一位中年人迎风而立，翘首眺望。

不多时，一辆马车缓缓驶来，车夫一声吆喝，马车在门口停下。车上下来一位拄着枣木拐杖、白发苍苍的老妇人。

中年男子连忙下跪，说：“孩儿恭迎娘亲！”可下一秒，令人惊讶的事情发生了。

那老妇人抡起拐杖，直直挥向男子，边打边骂：“你，你这不孝子，眼里哪还有我这个娘亲！”

男子一声不吭，任拐杖如雨点般落下，也不躲避。

“打小我就教你忠孝仁义，你却卖国求荣。人人都说你是卖国贼，我这张老脸，还往哪放啊？我今天就为民除害，打死你这个不孝子！”

“娘……”那男子红了眼眶，却再说不出一句话。

这名男子，叫洪承畴。为什么说他是卖国贼呢？事情还要从六年前说起。

1641 年，身为蓟辽总督的洪承畴，奉旨率十三万大军、马四万匹救援锦州。他原本计划攻守兼备，稳扎稳打，逐步推进。然而，崇祯皇帝却认为这种做法是畏敌怯战，要求洪承畴速战速决，导致十三万大军粮尽大败，洪承畴也于 1642 年战败被俘。

洪承畴被俘到盛京后，皇太极给他安排了一个住处，可洪承畴不吃不喝，一心求死。不管多少人前去劝降，他都无动于衷。

一天，皇太极亲自来访。此时寒风萧瑟，洪承畴只穿着一件单衣，他直视前方，对于这位前来造访的大清皇帝视而不见。皇太极没有说话，径直脱下自己的貂裘大衣，披在洪承畴身上。

“先生不冷吗？”皇太极关切地问道。

那一刻，洪承畴怔住了。他想起在明朝的那些时光，皇帝多疑，小人当道，忠心耿耿的文臣武将反而被纷纷治罪，无辜百姓在战争的夹缝中艰难度日，朝不保夕。如今自己是一名战俘，可这位大清皇帝竟亲自脱下衣服给他御寒，若是自己效忠的崇祯皇帝也能如此亲和体恤，大明至于走到今天这一步吗？

洪承畴愣怔半晌，叹了口气，说：“真命世之主也！”便叩头请降了。

其实，洪承畴明白，一旦降清就是与大明决裂、与亲人反目。事实也确是如此：他的老母亲痛打他；他的妻子愤然剃发出了家；他的弟弟终身泛舟江海，并且发誓不踏入陆地一步——这土地已入大清，不但不做大清子民，还与洪承畴不共戴天。

亲故不齿，乡里难容。洪承畴是痛苦的，但是，他有他坚持的理由——如今明朝内忧外患，最受苦的是百姓。与其以死保节，不如活着，拼尽全力保护百姓。后来的洪承畴也真的做到了这一点。

世事更迭，转眼，皇太极去世，顺治帝即位，北京城被李自成攻占，清摄政王多尔衮率军赶往北京，这日刚刚抵达辽河。

大帐内，多尔衮来回踱步，愁眉不展地说："李自成掌控北京，怕是已成定局。"

"非也。"说话的正是洪承畴，此时，他已是受大清皇族尊敬的谋士。

"先生此话怎讲？"

"我兵之强，天下无敌，将帅同心，步伍整肃。李自成所率之流寇，遇弱则战，遇强则逃。如今他们占据了京城，一定会更加骄傲跋扈，失去斗志。一旦听闻我军将至，流寇必会焚其宫殿府库，仓促逃去。王爷不必担心，我军必会得胜！"

"那太好了！"

"不过……"

"不过如何？"

“等我军入城，必须严肃军纪，明示政策：不屠百姓，不焚庐舍，不掠财物。有开门归降者，可为官员加升官职，军民秋毫无犯；若抗拒不服者，可斩官吏，但不可斩百姓。只有深得民心，方能巩固大清政权。”

“好！就依先生之言。”

后来，清兵入京，多尔衮执行了洪承畴制定的“三不”政策，京城数十万百姓，因此未遭涂炭。

之后，在清军南下的过程中，洪承畴也承担了招抚的重任，如招降郑芝龙等人，使清军顺利进军福建，为大清的迅速统一和安定局势起了重大作用，也让很多地方免遭兵火洗劫。他还建议清廷采用明朝的典章制度，主张汉化，缓和民族矛盾，被誉为“开清第一功臣”。与此同时，他也镇压了不少江南抗清义军，遭到唾骂和谴责。

历史上，洪承畴一直是一个有重大争议的人物。对明，他是叛徒；对清，他是功臣。有人说，他前半生深受大明器重，到头来却投靠了大清，是“大节有亏”。也有人说，大明覆灭、大清统一全国之际，是洪承畴屡屡出谋划策，阻止清军杀戮。洪承畴有他的选择，一切也自有后人评说。

你是怎么看待洪承畴的呢？你觉得他是卖国贼，还是有功之臣呢？和你的同学或者朋友聊一聊你的判断和想法吧。

第9篇

三个选择卖了国

吴三桂与清兵入关

生活中，我们经常面对各种选择：穿什么衣服？吃什么饭？是先玩拼图还是先听故事？这些选择看起来是不是很微不足道？可是，有的时候，一个选择决定的很可能是整个国家的命运。

1644年，广袤的华北平原上，烟尘滚滚，铁蹄声声，一支大军正向北京进发。

一位将领勒住战马，朝北京的方向瞭望。这位将军叫吴三桂，刚被朝廷加封为平西伯，他现在驻足的这个地方叫玉田，离北京已经不远了。

“报——总兵，大事不好！”一位哨探从马上滚落，一边大喊着，一边跌跌撞撞跑到吴三桂马前。

“慌什么？成何体统！”

“李自成攻破北京城，皇帝……驾崩了！”

“什么？驾崩？”

吴三桂原本是奉命来解北京之围的，但他来晚了。北京城破，崇祯皇帝驾崩。吴三桂手足无措，只得率军回师山海关。

这天晚上，山海关城楼，吴三桂默默地站立在“天下第一关”的匾额之下。昔日的天下第一关如今成了一座危机环伺的孤城。大明、大顺（李自成建立的政权）、大清都想占领山海关。山海关的城门几十年没有开启过，吴三桂不敢想，这道门还能坚持多久。月色朦胧，他的心里，也起了雾：“如今，北京城内，李自成占地为王；山海关外，多尔衮虎视眈眈，大明怕是无力翻身了！我手下兵微将寡，能做什么呢？如果不想丢命，只有投降了……可是，降谁呢？”

“报！总兵，您的信！”一名亲兵跑上城楼，把一封书信呈给吴三桂。

“父亲的书信？”吴三桂急急展开，脸色越来越沉，“哼！李自成，真是好算计！竟然威胁于我！”

原来，李自成扣押了吴三桂的父亲，胁迫他给吴三桂写了一封劝降信。吴三桂最初愤怒不已，可他转念想想，北京城已经在李自成的控制之下，自己的家人老小，全在李自成的手里。打是打不过李自成的，若是李自成能善待于己，降也就降了。

于是，吴三桂做出了第一个选择：投降李自成。

很快，李自成派兵来到山海关，将吴三桂的守军换下，大明的山海关，第一次易主。吴三桂收拾心情，准备带兵移往他处。

就在这时，又一条消息传来：李自成的部下抢走了吴三桂深爱的小妾陈圆圆，还抄了他的家产！

“岂有此理！”吴三桂怒发冲冠。

“全军听令，披麻戴孝，为先皇报仇！”这是吴三桂做的第二个选择。

于是，全军人马白衣白甲，打着为崇祯皇帝报仇的旗号，转头杀回山海关，将李自成的军队悉数杀尽，再度夺下山海关。李自成得知消息后大怒，亲自率大军来攻打山海关。

这下，吴三桂慌了。他本来想通过小规模的战斗来展示一下实力，抬高一下身价，再与李自成谈判，谁知却惹祸上身。

这次，吴三桂没有时间犹豫，他做出了第三个选择：向关外的大清求援。

“多尔衮一直企图入关，早就想招降我，只要我求援，他们一定会同意。到时候多尔衮和李自成打个你死我活，无非是一方败，一方胜。谁败了，我就少了一分威胁；谁胜了，我就归降于他。”吴三桂心里盘算着。如此一来，投降也就有了理由。

打着如意算盘的吴三桂等来了清兵的支援，多尔衮亲自带大军赶来。可是，多尔衮一方却在距离山海关十里的地方安营扎寨，按兵不动了。

这边吴三桂与李自成双方还在苦战，那边居然按兵不动，眼看就要败了，吴三桂焦急万分，亲自赶到多尔衮大营，请求与他一同出战。

“出战？为何呀？”多尔衮似笑非笑地看着吴三桂。

“为……为先皇报仇，共诛李贼啊！”

“先皇是你大明的先皇，可不是我们大清的。”

吴三桂的想法很美好：先借大清之力击败李自成，同时观察一下清军的战斗力。然后据守山海关，再同大清讨价还价，谈好投降大清的价码。但多尔衮怎么可能看不出吴三桂的心思？

“出兵？不难。只要您归降大清，我马上出兵。”

在多尔衮的威逼利诱下，吴三桂只能尽快投降大清。随后，山海关城门打开，清兵入关，很快就击败了李自成。随后，清统治者进入北京，以北京为都城，逐步建立起对全国的统治。

有意思的是，吴三桂投降后对新主忠心耿耿。但是多年后，他竟然又提出了“兴明讨虏”的口号，起兵造反。有人说，早知今日，何必当初。不知道吴三桂是否后悔自己当初的三个选择。

最后，康熙皇帝经过艰苦斗争，平定了以吴三桂为首的三藩之乱，使清朝避免了一次大的分裂。如果当初吴三桂做出的选择不同，他和大明的命运会不会不一样？

在明朝灭亡之际，吴三桂守着要塞山海关，可以说，他的选择决定着几个王朝的命运。如果你是山海关的守将，面对两个强大的敌人，你会如何选择呢？

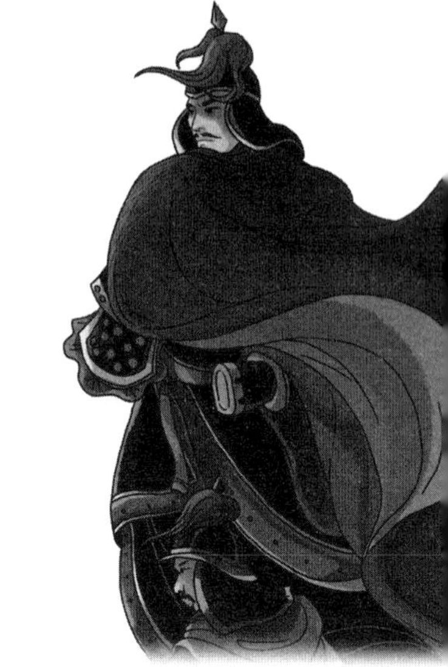

第10篇

英雄与海

郑成功收复台湾

自古以来，台湾就是中国领土不可分割的一部分。然而明朝末期，政局动荡，荷兰人趁机侵占了台湾，在台湾实行殖民统治。清初，在福建沿海坚持抗清的郑成功，决心从荷兰人手中收复台湾。为了建成一支强大的海军，他不分昼夜地带领士兵打造战舰。

1660年的夏天，福建鼓浪屿东海岸，一座巨大的船坞内传出一阵乒乒乓乓的声响。几艘崭新的战舰停在水上，几个小兵拿着锤子、斧子，将船舷新包的铁皮敲得严丝合缝。

一旁的海岸上，几个将领喜上眉梢。

“将军，我们已经有四十艘战舰了！是不是可以出兵啦？”

“是啊，将军，该出兵了吧？”

“继续造船，不得倦怠。”众人中间，被称为将军的人面色严肃，目光如炬，“荷兰人船坚炮利，不容小觑。四十艘船，远远不够。没有准备的仗，你们也敢打？”

众人听了，不再作声，各自去忙碌了。

这位将军，就是郑成功。当时，清朝的统治逐渐稳固，郑成功不肯投降清朝，拼死奋战，坚持反清斗争，想为明朝挽回一线生机。一年前，他北伐南京，惨败而回，退守厦门。

此刻，郑成功望着波涛汹涌的海面，望着海对面的台湾岛，心绪难平：“如果继续拖延下去，大明必不长矣！只有赶走荷兰人，一举收复台湾，我大明才能有立足之地。我们已经无路可走，台湾，必须拿下。”

天渐渐黑了，海面归于平静。郑成功握紧拳头，心想：“迟早有一天，我要在这海峡掀起一股巨浪！”

1661 年三月的一天，刚刚拂晓时分，暴雨倾盆，暗潮汹涌。郑成功率领两万五千名将士、战船数百艘，从金门出发，横渡台湾海峡，向着台湾岛进发。船头上，郑成功在风雨中昂首而立，他终于造好船只，组好舰队，冲向他梦寐以求的台湾。

郑成功避开荷兰守军，抵达台湾南部。郑军登陆后受到当地居民的热烈欢迎，并在郑成功指挥下，立即投入战斗。一番激战之后，两军在台湾岛附近的水域展开了决战。荷兰战舰中最大的一艘叫“赫克托号”，重六百多吨，两侧船舷密布舰炮，全舰共计大炮三十六门。郑成功这边呢，虽然战舰数远超荷兰，却都是小船，每艘船只有两门舰炮，根本无法单独抗衡“赫克托号”。

战鼓响起，郑成功大喊一声：“列阵——”郑军战舰缓缓移动，组成一个扇子形状的队形。紧接着，这把巨大的扇子迅速朝荷兰舰队冲去。但是那四艘荷兰巨舰稍稍加速，往前一冲，郑军战舰立刻被撞沉了八艘。

论体量，郑军战舰根本不是敌舰的对手。郑成功决定，用数量压制对方。

令旗一挥，所有战舰纷纷掉头转向，齐齐朝“赫克托号”围去。“赫克托号”觉察到了危险，不顾一切地向郑成功所在的旗舰冲来，舰炮也掉转方向猛轰旗舰。

忽然，一发炮弹射中塔楼，咔嚓一声，郑成功身后的桅杆断裂，然后轰然倒下，差一点就砸到了郑成功的后背。

“将军，危险！快转舵！”

“怯战者立斩！传我命令，所有战舰继续合围！”

郑军战舰只剩下三十多艘时，终于围住了“赫克托号”。

“开炮！”郑成功一声令下，舰炮齐发，不多时，“赫克托号”的舰身已经千疮百孔，最终轰隆一声，炸裂沉海。剩余三艘敌舰，见大势已去，迅速转向，逃之夭夭。

这次海战之后，郑成功终于登上了他心心念念的台湾岛。然而他收复台湾的计划还远远没有实现。台湾岛上，还有两座戒备森严的军事堡垒——赤崁城和台湾城。

这日，郑军刚在赤崁城下扎营，就有使者来访：“只要您退出台湾，荷兰愿意献上十万两白银！”

“台湾是中国的领土，我决不退让！”

使者悻悻离去，赤崁城的荷兰军求和不成，立刻向台湾城求援。他们却发现，两城之间的联系，早已被郑军切断。荷军守将见缺乏救援，坚守无望，便向郑成功投降。这样，台湾岛上的荷兰军队都被包围在台湾城里。他们盘踞在城里负隅顽抗，继续等待援军。

郑成功决定采用围困的方式迫使城里的荷军投降，但他手下的将领们不干了：“兄弟们个个勇猛强悍，为什么围而不打？干吗不痛快一点，主动进攻，速战速决？”

拗不过将领们的热血，郑军向台湾城发起了猛攻。可台湾城墙高十米，城坚壁厚，射击孔密布。郑军强攻一日，死伤无数，也没能攻下台湾城。《孙子兵法》曰："攻城之法，为不得已。"攻城，是下下策。

将士们垂头丧气，郑成功却是一副意料之中的样子，他竟然优哉游哉地绕着台湾城游山玩水去了。

这天，他爬上城外的一座高崖，看到一位老人在溪流里取水。

"老人家，为什么在这么高的地方取水啊？"

"这里的水，最干净。您看，城里的水，都是从这儿流下去的。"

老人一指，郑成功才明白，这条溪流，正是台湾城内的水源！原来，他看似在游山玩水，实则在勘察地形、寻找城内的水源。郑成功马上派兵筑造水坝，把溪流改道。台湾城很快就闹起了水荒。

城里的荷兰人不少饿死病死，大部分丧失了战斗力。被包围八个月后，荷兰人终于在 1662 年二月开城投降。

明朝覆灭、清朝崛起之际，郑成功孤勇奋战，从荷兰人手中收复了被占领三十多年的台湾。台湾重新回到了祖国的怀抱。郑成功赶走荷兰殖民者，收复台湾，维护了祖国领土主权，是我国历史上的民族英雄。

“攻城之法，为不得已。”郑成功避免以硬碰硬，而是采用了控制水源的巧妙办法克敌制胜。你有没有用巧妙办法做成的事呢？

观复猫讲文物

观复猫介绍

花肥肥： 理事长。观复猫的领袖，学识渊博的智者，和蔼可亲的长辈。胸怀大志，把握大局。

黄枪枪： 接待馆长。温柔大气，善解人意，逢叫必答，稳重大方。白身黑尾的猫被称为“雪里拖枪”，枪枪的白身黄尾更为名贵。天生丽质，高贵妩媚。

麻条条：运营馆长。体态轻盈，一看就是体操运动员坯子。活泼好动，动作自如且优雅。哪儿不好走就偏走哪儿，走自己的路，不管外界的评价。

云朵朵：营销馆长。名字富于诗意，也与她蓝白毛色相符。天真烂漫，单纯活泼，对新事物充满好奇心。有些害羞，体谅他人，像个小天使。

蓝毛毛：学术馆长。观复猫的“智多星”，聪明有智谋，遇事冷静。爱读书，爱美食，尤其爱甜食。文静内向，喜欢宅在家里。

1. 驼背的凳子

明代黄花梨罗锅枨长方凳

你好呀！今天黄枪枪要给你介绍明代家具凳子——黄花梨罗锅枨长方凳的修复过程。

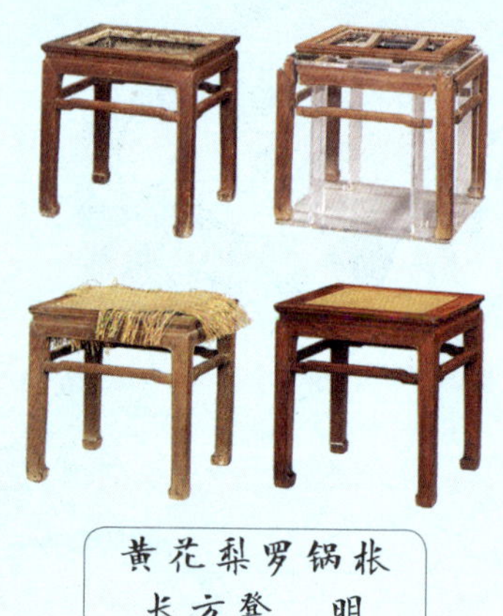

黄花梨罗锅枨长方凳　明

观复博物馆藏

这个凳子凳腿之间的横梁叫作枨，起固定的作用。枨向上凸起，很像人驼背的样子，所以这种枨叫“罗锅枨”。凳面和腿部的过渡部分向内凹，好像人的腰一样，叫作束腰。凳子的足部向内翻卷，形状像马蹄。

观复博物馆为了让参观者了解黄花梨家具的制作和保养过程，特意在这个黄花梨木长方凳的修复过程中保留了它们不同阶段的状态。第一张图片展示的是长方凳原始未修复的状态。它没有藤面，部分构件也丢失了，原件还髹有一层红漆。第二张展示的是进行修复时的状态。修复时先“脱漆”，就是用现代褪漆剂将凳上的漆褪掉，然后将榫卯结构打开，把灰尘污垢清理干净，再对损坏的榫卯结构进行修复和补配。第三张图片展示的是配置了现代手工编织藤面的长方颌。固定藤面的楔钉也是木头做的，拆卸及更换很方便。第四张展示的是完全修复好的长方凳。经过了最后一道打蜡工序，长方凳的修复完成了。

通过这四张图片可以看出，老家具要经过一系列的修复和持续的专业保养，才能呈现出光润透亮的状态。

凳和椅都是坐具，但是凳最初不是用来坐的，而是用来蹬的。因为古人骑马，上马时需要踩着“上马凳”跨上马背。凳多是用来坐的，也有像滚凳这样用来进行足底按摩的。

2. 古人也有沙发

明代黄花梨百宝嵌龙纹罗汉床

嗨，今天麻条条要介绍一张既可以小睡又可以用来招待客人的床——明代黄花梨百宝嵌龙纹罗汉床。

黄花梨百宝嵌龙纹罗汉床　明

观复博物馆藏

这张黄花梨百宝嵌龙纹罗汉床，材质是黄花梨木，三面有围挡，围挡都是独板，板上镶嵌着双龙戏珠纹的装饰，这种镶嵌工艺叫“百宝嵌”。百宝嵌工艺，先要在板材上开出小凹槽，然后镶嵌各种材料作为装饰，比如螺钿、松石、象牙、寿山石、玉石、珊瑚、珠宝、云母、朱砂等名贵材料，十分精美华丽！

罗汉床围挡中间的装饰物，是象牙材质的，双龙戏珠的纹饰非常生动，是晚明时期最奢侈的装饰。明代规定，平民百姓家不能用龙纹，所以这张罗汉床很有可能是供宫廷或贵族人家中使用的。

这张罗汉床比架子床稍窄一些，大小和现在的儿童床差不多。它的名字虽然是床，但功能类似于现在家里使用的沙发，主要用来小睡和待客。

在《韩熙载夜宴图》中，韩熙载与状元郎粲坐在罗汉床上赏舞听琴，其他客人都坐在旁边的椅子上，这说明坐在罗汉床上的客人比坐在椅子上的客人等级要高。

3. 用来挡风的家具

清代紫檀剔红山水五福捧寿折屏

你好呀！今天蓝毛毛给你介绍一件家具——清代紫檀剔红山水五福捧寿折屏。

这件折屏气势恢宏，它长 4.45 米，高 2.12 米，厚 3.2 厘米。

这件折屏一共十二扇，通体用紫檀木做骨架，紫檀木的绦环板[①]上有精雕细刻的吉祥纹饰。你看最上面的绦环板，每块上面刻有五只飞翔的蝙蝠，环绕在中间的是一个变体的寿字，这叫作“五福捧寿”。屏风的底部，一整块紫檀绦环板上，雕刻了一只倒挂的蝙蝠，口中衔磬，磬下流苏飞舞，周围有祥云环绕。这是传统纹饰中的“福庆”纹，由“蝠”和“磬”的谐音而来，这种含有吉祥寓意的纹样被古人广泛采用，在座椅等家具中也能看到。

整件屏风最吸引人的要数中间红色的部分，它以漆器工艺制成，用细腻的工艺刻画出了细致入微的纹饰，每扇屏风的格心处，都别出心裁地选取了唐伯虎的山水写意画，山水、树木的细节都表现得淋漓尽致，可见工匠技艺之高超。边上两扇屏风的格心处刻着一副对联：“道德神仙增榮益壽，福祿驩喜長樂永康”。用简体字写就是：“道德神仙增荣益寿，福禄欢喜长乐永康”。对

---

① 绦环板：隔扇的裙板上部和下部，各有两根抹头，两抹头之间的板材，就叫绦环板。

紫檀剔红山水五福捧寿折屏　清

观复博物馆藏

联的内容正合了屏风中暗八仙[①]的纹饰，也与五福捧寿、福庆等纹饰相吻合。

这样一件不惜工本、精雕细刻的屏风，就是为了彰显主人尊贵的身份与雄厚的实力的。过去每逢重大场合，主人身后一定要搁一件屏风来烘托气势。久而久之，屏风也就成了权力、地位的象征。

---

① 暗八仙：传统吉祥图案。为结系的葫芦、剑、扇、渔鼓、笛、阴阳板、花篮、荷花分别构成的纹图。八仙是民间传说中道家八位仙人，神通广大。图案中八种器物分别为八仙所持法宝，暗喻八仙，故名。

4. 屋脊上的小怪兽

清代太和殿脊兽

你好呀！今天花肥肥要给你介绍一组蹲坐在屋顶的神兽——清代太和殿脊兽。

这组萌萌的小兽，它们大小不一，或蹲坐或站立在太和殿的四条垂脊之上。如果你从下往上看，首先会看到一位骑着凤凰的仙人，他的身后跟着的依次是龙、凤、狮子、天马、海马、狻猊、押鱼、獬豸、斗牛和行什，它们都被大家亲切地称为“小兽”或“屋脊兽”。跟在小兽后面、位于最高处的是鸱吻，它们一起构成了太和殿垂脊上最别致的风景。

脊兽中的前五位，龙、凤、狮子、天马和海马，在古代神话中都是吉祥的化身。紧随其后的五位，除了行什是神话人物以外，其他的都是神兽。狻猊相传是龙生九子之一，它长得像狮子，能食虎豹，是百兽统领的象征；押鱼是传说中的海中的异兽，善喷水柱，有防火震灾的寓意；獬豸的头顶上长有一角，像是一个独角兽，象征着执法公允；斗牛是虬龙，长有牛角龙身，古人认为它可以镇宅辟邪。

排在队尾的行什的长相最与众不同。它长着猴脸人身，仔细看就会发现它十分有特点的雷公嘴，它的背上有双翅，手中还持触地的降魔杵，一副非常威武的样子。行什是古代神话中雷神的化身。太和殿作为明清两朝最高权力中心的象征，防雷防火是头等大事，选择雷神在此震慑再合适不过了。它们可都是各

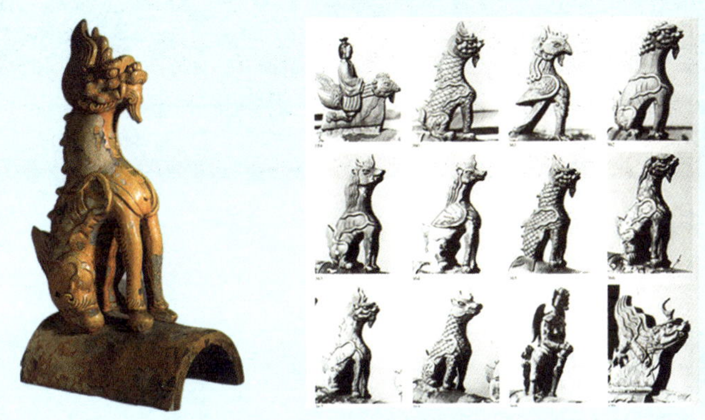

太和殿脊兽　清

北京故宫博物院藏

有神通啊！

太和殿是紫禁城里等级最高的宫殿，所以它用的都是古代建筑制式里最高的级别。因此，在安置脊兽时，只有太和殿用了十只，寓意着十全十美。就连天安门、午门，还有皇帝的寝宫乾清宫等地方，都只用了九只。安置屋脊兽一般都会按照等级采用奇数，比如七只、五只、三只，最少的在紫禁城内左门门庑的檐角，它只用了一只小兽。

5. 盘旋着龙的墙壁

清代故宫皇极门琉璃影壁

你好呀！现在云朵朵给你介绍一件盘旋着龙的墙壁——清代故宫皇极门琉璃影壁，俗称“九龙壁”。之所以取“九”龙之数，是因为“九”被认为是阳数中最大的数，古代以“九五”代表天子，所以这面影壁表现的是“天子至尊”。

影壁是做什么用的呢？它其实就是中国传统建筑中正对大门，或是大门两侧相对独立的墙壁。影壁一般有两个功能：一是置于宅院大门之内，这在北方的传统四合院中很常见，它起到遮挡外人视线的作用；二是安放在大门外，多是用来规划范围、指示道路的。我们介绍的这面故宫皇极门影壁，位于皇极门的外侧，就有标示位置的作用，同时也代表了房屋的等级。

故宫皇极门琉璃影壁　清

北京故宫博物院藏

这面影壁倚着背面的宫墙而建，顶上是黄色琉璃瓦覆盖的庑殿式屋顶。彩色的壁面上用琉璃烧造出蓝绿两色的九龙海水云纹，蓝色代表云和天空，绿色代表汹涌的海水。蓝绿之间，九条巨龙腾空而起，翻转扭动着有力的身躯和四肢，好像要从墙中跃出来似的。

你注意到了吗，从左数的第三条白龙，它的腹部不是琉璃的，而是木质的，这是为什么呢？因为当时这一块琉璃损坏了，又来不及重新补烧。为了如期完成任务，工匠们冒着欺君之罪，临时用一块楠木雕刻后涂上白漆，安装了上去，结果通过了验收。一晃快两百年过去了，民国时期它终于露出了马脚。

著名的九龙壁还有两处呢，一处位于山西大同，还有一处是在北京北海公园。它们与紫禁城皇极门的这面九龙壁并称为“中国三大九龙壁”。有机会的话，你可以去看看它们。

6. 给大象洗澡

明代青花象纹笔筒

我们又见面啦，现在黄枪枪给你介绍一件画中有“话”的笔筒——明代青花象纹笔筒。

青花象纹笔筒　明

英国巴特勒家族藏

这只笔筒看起来是个上大下小的倒梯形，笔筒上的纹饰是用深浅不一的青花描绘出来的，主次分明，十分生动。

画面正中央这种长相有些怪异的动物是什么呢？它有着浑圆的身体，大大的耳朵看起来像大叶子，长长的鼻子，两根牙又粗又壮很是结实有力，它的四条腿虽然不长却很壮实。对，这种动物就是大象。可是，你有没有发现，它和真正的象有些差别。这是因为象在中国古代是很罕见的动物，它们通常是作为贡品或珍禽异兽被带到中国，只有少数人才有机会见到真正的大象。所以，那些没见过真象的工匠、画匠们，自然就只能根据自己的想象来创作了。

仔细看图就能发现，象的身后还有一口大缸以及几只坛子。它们是做什么的呢？再看那个从画面左边走来的人，他手里端着钵，正准备给这头大象洗澡呢。看来，大缸和坛子都是用来盛水的。整个画面构成了一幅“洗象图”。

“洗象图”是中国人物画传统题材，从历代流传下来的《洗象图》可见，自宋末至明清，其构图基本固定，一般都是众人持帚洗扫白象的场景，寓意“万象更新”。这件笔筒烧制于明代崇祯年间，当时的政权已经是风雨飘摇。“洗象”的谐音是“气象”，洗也有清除的意思，这样的画面成为当时社会企盼“万象更新”的形象表达。

7. 瓶子上的神秘鸟

清代粉彩五伦图花鸟纹大瓶

你好吗？现在麻条条给你介绍一件画着“五伦”故事的瓶子——清代粉彩五伦图花鸟纹大瓶。

粉彩五伦图花鸟纹大瓶 清

观复博物馆藏

这件大瓶撇口，细颈，流畅的曲线从肩部缓缓向下延伸到腹部，看起来修长又高挑。大瓶的足部向外撇，稳稳地站立着。大瓶体形较大，高八十多厘米，在古代能烧造出这么大尺寸的瓷器非常难得。

颈部描绘白牡丹等花卉纹饰，颜色艳丽，造型逼真。腹部两处看似与颈部呼应，也有花卉纹饰，实际上那些停在花中的鸟才是瓶子的主体纹饰。

试着数数瓶子上一共有几种鸟，答案是五种，它们分别是凤凰、仙鹤、鸳鸯、鹡鸰和黄莺，代表了中国传统文化中的“五伦”观念，每种鸟都象征了一种人伦关系。

“五伦”是中国传统文化中“君臣”“父子”“夫妇”“兄弟”“朋友”五种人与人之间最基本的关系，它们分别以“忠、孝、忍、悌、善”作为关系准则。

你看有牡丹、玉兰花的这一侧，停在花上的五彩神鸟是传说中的凤凰，它们象征“五伦”中的君臣关系；另一侧的画面中分别是象征父子关系的仙鹤、象征夫妇关系的鸳鸯、象征兄弟之情的鹡鸰和象征朋友之谊的黄莺。

8. 皇帝的游客照

清代乾隆南巡图（第六卷：驻跸姑苏）

你好，现在云朵朵来给你介绍一幅《乾隆南巡图》。

此图卷为绢本，作者是乾隆时期的宫廷画家徐扬。他在宫廷内任职长达二十六年，创作了百余件作品。任职期间，他勤勉学习，与时俱进，吸取了诸多西洋绘画技巧，画风精致清丽，深受皇帝的赏识和同僚的尊敬。

1751 年，乾隆皇帝首次下江南，他想把其间的所见所闻都记录下来，记录的任务就交给了徐扬。徐扬从 1764 年起，用了六年时间，最终绘制成了这套十二卷的绢本《乾隆南巡图》。

1771 年，乾隆皇帝还想精修一下这组“照片”，于是徐扬再次受命，前后花了四年时间重新绘制《乾隆南巡图》，完成第二套纸本设色的《乾隆南巡

乾隆南巡图（第六卷：驻跸姑苏） 清

纽约大都会艺术博物馆藏

图》，它现在完整地保存于中国国家博物馆。然而可惜的是，绢本的已经散佚，我现在介绍的这幅画卷是收藏在美国纽约大都会艺术博物馆的绢本。

当时的大学士于敏中，用乾隆皇帝写的一首《驻跸姑苏》，为此画卷题写了开头："牙樯春日驻姑苏，为问民风岂自娱。艳舞新歌翻觉闹，老扶幼挈喜相趋。周咨岁计云秋有，旋察官方道弊无。入耳信疑还各半，可诚万众庆恬愉。"

随着画卷展开，江南运河在春树掩映中流过，其间有黄龙旗巨舟缓缓驶过。河南岸搭建一大戏台，上面正演着《群仙祝寿》。岸边一片繁荣的市镇景象，商铺遍布，行人南来北往，步行的、骑马的、挑担的、坐轿的，熙熙攘攘，热闹非凡。画卷中的乾隆皇帝在挎刀侍卫的簇拥下，身着青金色行褂，头戴红绒结顶青色行冠，骑一匹白马，一副威风凛凛的样子。

仔细观察画卷的每处细节，可以看出画家徐扬对当时场景的熟悉和绘画技巧之精妙。此画作除了艺术价值，还为研究十八世纪中国的经济、政治、文化等提供了重要的信息，具有很高的历史研究价值。

9. 皇帝的工作服

清代明黄地彩云金龙妆花缎貂皮朝袍

真开心见到你，今天花肥肥给你介绍一件皇帝的皮袍子——清代明黄地彩云金龙妆花缎貂皮朝袍。

这件皮袍子是康熙皇帝的，尺寸可不小呢！它长一百五十厘米，两只袖子展开有一百九十四厘米，袍子的下摆展开有一百五十二厘米宽。

这件“朝袍”是清代皇帝的礼服，只有在举行重大活动和仪式的时候才会穿。它圆领、大襟、窄袖口，右侧开衽。圆领口处和外面的披领相连，从披领到衣襟、下摆和袖口的边缘都镶有貂皮。棕褐色的貂皮看起来密实、柔顺，与明黄色的缎料和精美繁复的云龙纹一起，彰显出康熙皇帝威严华丽、非同凡响的气势。朝袍的外面这么讲究，那里层呢？它的里面还有一层雪白柔软的沙狐皮，这样袍子的保暖效果就更好了。

你看，这件朝袍的设计和制作是不是很繁复呀！清代皇亲贵族有用名贵皮毛制作冬季服装的习惯。这是因为他们发迹于冬季严寒的东北地区，冬天来临时，棉布的衣料已不足以与寒冷抗衡，而东北山林中又有数量众多的貂、狐、鹿、狍等野生动物。于是，游牧骑射的满洲人狩猎之后，就穿上了用动物皮毛制作或装饰的衣服。

明黄地彩云金龙妆花缎貂皮朝袍　清

观复博物馆藏

皮袍在其他北方游牧民族的服饰中也很常见。清军入关以后，这样的习惯就在宫廷服饰中保留了下来，因此就有了这件里外都加皮毛装饰，可很好保暖的朝袍。不仅如此，这件袍子上身紧、窄袖、披肩领、束口马蹄袖等特点，也反映了长期游牧骑射生活的需要。这种样式不仅有更好的御寒效果，还很方便活动，穿着它骑马、射箭、搏斗、劳作都不受影响。

10. 盘子也能说新闻

清代粉彩描金“弗里堡号”商船纹盘

嗨，今天云朵朵给你介绍一件画着新闻故事的盘子——清代粉彩描金“弗里堡号”商船纹盘。

这件盘子用粉彩描绘出来纹饰，中心处画了一艘扬帆行驶在海上的大帆船。这是一艘有着三根桅杆的帆船，船头处，是一只呈蹲伏状、头戴王冠、气宇轩昂的狮子，整条帆船仿佛在它的带领下，正乘风破浪，驶向前方。鼓起的风帆能让人感受到，它正在泛着波浪的碧蓝色海面上全速前进。

这艘船是从哪里来的呢？上面飘扬着的华丽的旗子，又有什么特殊的意义呢？

你看，盘子顶部的文字是荷兰语，意思是：1756 年由雅各布 · 里齐克船长带领的“弗里堡号”船在中国。

船头的红底黄色旗帜，代表了荷兰的西兰岛城；桅杆顶是荷兰东印度公司的旗帜；船尾一大面金色、白色和红色横向条纹的旗帜，则代表了荷兰。每一面旗帜都在表明自己的所属。

1748 年到 1771 年间，“弗里堡号”不断往返于荷兰和中国之间进行海上贸易，源源不断地将中国的瓷器、茶叶、丝绸和其他货物运往欧洲大陆。这期间，科学合理的船型设计、先进的造船技术保证了“弗里堡号”在茫茫大海上一次又一次地安全航行，因此到后来“弗里堡号”成了“安全值得信任”的

彩绘描金“弗里堡号”商船纹盘　清

观复博物馆藏

象征。1756 年，“弗里堡号”又一次来到了中国的广东。船长和船员们专门从景德镇订烧了我现在介绍的这种粉彩瓷盘，用来纪念这次成功的航行。

现在，世界不同地方的多家博物馆都收藏了这类瓷盘。它们以一种独特的方式记录下了这次航海画面，并在不断的传承中，让更多的人了解荷兰人在航海事业上做出的努力和取得的成绩。

图书在版编目（CIP）数据

凯叔讲历史 . 17, 清朝 . 上 / 凯叔著 . -- 北京 : 中信出版社 , 2019.8

ISBN 978-7-5217-0845-5

Ⅰ . ①凯… Ⅱ . ①凯… Ⅲ . ①中国历史－清代－青少年读物 Ⅳ . ① K209

中国版本图书馆 CIP 数据核字 (2019) 第 148669 号

凯叔讲历史 . 17，清朝 . 上

著　　者：凯叔
出版发行：中信出版集团股份有限公司
　　　　　（北京市朝阳区惠新东街甲4号富盛大厦2座　邮编　100029）
承 印 者：中国电影出版社印刷厂

开　　本：880mm × 1230mm　1/32　　印　　张：3.25　　字　　数：87千字
版　　次：2019年8月第1版　　印　　次：2019年8月第1次印刷
广告经营许可证：京朝工商广字第8087号
书　　号：ISBN 978-7-5217-0845-5
定　　价：25.00元

服务热线：400-600-8099
投稿邮箱：author@citicpub.com